CONSULTORIA IA

El Plan Maestro del Nómada Digital

Prosperar en Cualquier Lugar, Trabajar en Todas Partes

Copyright © 2024 by Consultoria IA

All rights reserved. No part of this publication may be reproduced, stored or transmitted in any form or by any means, electronic, mechanical, photocopying, recording, scanning, or otherwise without written permission from the publisher. It is illegal to copy this book, post it to a website, or distribute it by any other means without permission.

First edition

This book was professionally typeset on Reedsy
Find out more at reedsy.com

Contenidos

Reseña

Temas de Atracción para Todos

¿Por qué deberías leer este libro?

Prefacio

Capítulo 1: El Primer Paso Hacia la Libertad Digital

Capítulo 2: Diseñando Tu Oficina Global

Capítulo 3: Elegir Destinos, No Solo Mapas

Capítulo 4: Monetiza Tus Habilidades en la Era Digital

Capítulo 5: Equilibrio, Resiliencia y Crecimiento Personal

Apéndices

El Plan Maestro del Nómada Digital: Prosperar en Cualquier Lugar, Trabajar en Todas Partes

R eseña
Este libro es una guía práctica y motivadora para quienes desean adoptar el estilo de vida del nómada digital. Escrito con un enfoque accesible y estratégico, ofrece herramientas esenciales para construir una carrera profesional sin fronteras. Desde elegir los mejores destinos y gestionar tu tiempo eficientemente, hasta crear múltiples fuentes de ingreso y superar los desafíos emocionales de la vida en movimiento, este plan maestro abarca todo.

El autor combina experiencias reales con consejos accionables, ayudándote a transformar tu pasión en un estilo de vida sostenible. Perfecto tanto para principiantes como para nómadas experimentados que buscan optimizar su estilo de vida, el libro inspira a vivir con libertad y propósito en un mundo cada vez más conectado.

La audiencia objetivo para tu ebook **"El Plan Maestro del Nómada Digital: Prosperar en Cualquier Lugar, Trabajar en Todas Partes"** puede ser variada, pero se centra en personas con interés en el estilo de vida nómada digital. Aquí tienes una descripción detallada de tu audiencia potencial:

1. Profesionales Aspirantes a Nómadas Digitales

Perfil: Personas que desean adoptar el estilo de vida nómada digital pero aún no han dado el salto.

Intereses: Herramientas para trabajar remotamente, cómo empezar a viajar mientras se trabaja, y consejos sobre habilidades clave para monetizar.

Objetivo: Proveerles una guía práctica para hacer la transición hacia este estilo de vida.

2. Nómadas Digitales Principiantes

Perfil: Individuos que ya han comenzado su vida como nómadas digitales pero necesitan consejos para optimizar sus ingresos, productividad y bienestar.

Intereses: Soluciones para mantenerse organizados, encontrar oportunidades laborales remotas y construir una rutina sostenible mientras viajan.

Objetivo: Ofrecer estrategias avanzadas que les ayuden a prosperar en lugar de solo sobrevivir.

3. Profesionales Freelance y Emprendedores Online

Perfil: Personas que ya trabajan remotamente como freelancers, propietarios de pequeños negocios online o consultores y que buscan más libertad geográfica.

Intereses: Cómo estructurar su negocio para ser completamente remoto, balance entre vida personal y profesional, y estrategias para establecer una base sólida de clientes.

Objetivo: Inspirarles a tomar ventaja de la movilidad para ampliar sus horizontes y vivir sin limitaciones geográficas.

4. Jóvenes y Estudiantes con Aspiraciones Globales

Perfil: Universitarios, graduados recientes o jóvenes profesionales interesados en viajar por el mundo mientras generan ingresos online.

Intereses: Opciones económicas para comenzar, trabajos de nivel de entrada compatibles con el nomadismo digital, y cómo superar barreras como el idioma o la falta de experiencia.

Objetivo: Motivarles y mostrarles que este estilo de vida es accesible y sostenible con la planificación adecuada.

5. Personas en Transición de Carrera

Perfil: Profesionales con experiencia que buscan un cambio significativo en su vida, dejando un empleo tradicional para adoptar un enfoque más flexible y libre.

Intereses: Consejos sobre cómo usar sus habilidades actuales en un mercado remoto, ejemplos de historias de éxito, y técnicas para minimizar los riesgos asociados con el cambio.

Objetivo: Darles confianza y herramientas concretas para realizar la transición sin comprometer su estabilidad financiera.

6. Viajeros Empedernidos y Exploradores

Perfil: Personas que ya viajan frecuentemente pero quieren transformar su pasión por los viajes en un estilo de vida sustentable mediante ingresos digitales.

Intereses: Plataformas de trabajo remoto, manejo de finanzas mientras viajan, y cómo mantener la productividad en un entorno cambiante.

Objetivo: Mostrarles cómo disfrutar de sus aventuras mientras logran estabilidad económica.

Temas de Atracción para Todos

Crear fuentes de ingresos pasivos o semipasivos.
Consejos prácticos para manejar impuestos, visas, y requisitos legales internacionales.
Cultivar una mentalidad resiliente y adaptable.
Herramientas tecnológicas para ser más productivo desde cualquier lugar.

Con esta segmentación, puedes adaptar el contenido promocional y estructurar capítulos que resuenen profundamente con las necesidades y aspiraciones de cada grupo. ¿Te gustaría ayuda para desarrollar un esquema más detallado o diseñar una estrategia para llegar a tu audiencia?

Aquí tienes una propuesta clara y persuasiva de por qué alguien debería leer **"El Plan Maestro del Nómada Digital: Prosperar en Cualquier Lugar, Trabajar en Todas Partes"**. Este argumento puede integrarse en la introducción del libro, su descripción promocional o como parte de tu estrategia de marketing.

¿Por qué deberías leer este libro?

Porque el mundo está cambiando, y tú también puedes hacerlo.

Este libro te guía paso a paso para aprovechar las oportunidades del trabajo remoto y el estilo de vida nómada digital, en un mundo donde la tecnología ha eliminado las fronteras físicas. Descubre cómo adaptarte a este cambio y sacarle el máximo provecho.

Porque no tienes que elegir entre trabajar y viajar.

Aprenderás estrategias prácticas para generar ingresos desde cualquier lugar del mundo, sin sacrificar tu deseo de explorar nuevos destinos, culturas y experiencias. El libro convierte el sueño de trabajar mientras viajas en una realidad alcanzable.

Porque quieres más libertad en tu vida.

Este libro te enseña a diseñar un estilo de vida que priorice tu tiempo, tus pasiones y tus objetivos personales, mientras mantienes una carrera profesional estable y satisfactoria.

Porque ahorrarás tiempo y evitarás errores costosos.

Basado en experiencias reales, este plan maestro reúne consejos y herramientas probadas, ahorrándote la curva de aprendizaje y los errores comunes que enfrentan quienes intentan convertirse en nómadas digitales sin guía.

Porque la independencia financiera y geográfica no es un lujo, es una elección.

No importa tu edad, experiencia o situación actual: este libro te muestra cómo construir un plan personalizado para vivir donde quieras y trabajar en lo que amas.

Porque encontrarás respuestas a preguntas que no sabías que tenías.

Desde cómo elegir destinos, manejar tus finanzas y lidiar con la soledad, hasta herramientas tecnológicas y estrategias para equilibrar tu vida personal y profesional, este libro aborda todos los aspectos del nomadismo digital.

Porque es más que un libro, es una hoja de ruta.

No es solo inspiración; es un manual práctico lleno de consejos accionables, recursos útiles y ejercicios que te ayudarán a dar el primer paso o perfeccionar tu estilo de vida como nómada digital.

Porque es hora de invertir en ti mismo.

Este libro es una herramienta para transformar tu vida. Es una inversión en tu libertad, tu carrera y tu felicidad, diseñada para ayudarte a crear un futuro sin límites geográficos ni horarios rígidos.

Prefacio

Vivimos en una era sin precedentes. Las barreras tradicionales entre el trabajo, la geografía y el estilo de vida han comenzado a desmoronarse, dándonos la oportunidad de diseñar vidas que antes solo eran posibles en sueños. Este libro nace de esa transformación, de mi experiencia personal y profesional como un nómada digital que decidió romper con lo convencional para explorar el mundo, trabajar con libertad y prosperar desde cualquier rincón del planeta.

Cuando decidí embarcarme en este camino, no existían mapas claros ni manuales prácticos que detallaran cómo hacerlo. Había relatos aislados, fragmentos de información aquí y allá, pero encontrar una guía integral fue un desafío. Fue ese vacío lo que me llevó a documentar mi viaje, los aprendizajes, las herramientas y las estrategias que hicieron posible este estilo de vida.

Este libro no es solo un manual técnico, aunque encontrarás consejos prácticos para organizar tu trabajo remoto, optimizar tus ingresos y elegir los mejores destinos. Es, sobre todo, un manifiesto para quienes buscan una vida con propósito y libertad. Te invito a desafiar las normas, a pensar de manera diferente y a construir un estilo de vida que se alinee con tus sueños y valores.

El Plan Maestro del Nómada Digital no es una receta única para todos. Es una brújula para ayudarte a trazar tu propio camino. Aquí encontrarás historias reales, herramientas prácticas y estrategias probadas que puedes adaptar a tus propias circunstancias. Más allá de las herramientas, mi objetivo es inspirarte a abrazar la posibilidad de vivir y trabajar en tus propios términos.

No importa si estás dando los primeros pasos o si ya has empezado a recorrer este camino, espero que este libro te sirva como guía y compañía en tu travesía. Porque, al final, ser un nómada digital no se trata solo de viajar o trabajar de forma remota, sino de vivir plenamente, de expandir horizontes y de conectarte con un mundo lleno de posibilidades.

Con gratitud y entusiasmo,
CONSULTORIA IA

Capítulo 1: El Primer Paso Hacia la Libertad Digital

Introducción: Rompiendo las Cadenas

Todos hemos soñado con escapar de la rutina. Esa visión de trabajar desde una playa tropical, una cafetería en París o una cabaña en las montañas. El sueño del nómada digital no es exclusivo de unos pocos privilegiados; está al alcance de cualquiera dispuesto a dar el primer paso. Pero, ¿por dónde empezar?

El primer paso hacia la libertad digital no requiere que renuncies a tu empleo de inmediato ni que tengas una fortuna en el banco. Lo que realmente necesitas es claridad y una estrategia. En este capítulo, vamos a diseccionar cómo dar ese salto inicial hacia un estilo de vida que te permita trabajar desde cualquier lugar del mundo.

Paso 1: Define tu Porqué

Antes de planear cómo hacerlo, necesitas saber por qué. La motivación es el motor que te mantendrá en movimiento cuando las cosas se pongan difíciles (y lo harán). Toma un momento para reflexionar:

¿Qué te inspira a buscar la libertad digital?

¿Es el deseo de viajar? ¿El anhelo de escapar de una oficina?

¿Quieres más tiempo para tu familia o simplemente odiar el tráfico?

Anótalo. Haz una lista. Tu "porqué" es tu guía. Sin un propósito claro, incluso las estrategias más sólidas podrán fallar.

Paso 2: Evalúa tus Habilidades y Recursos

Para trabajar en cualquier lugar, necesitas algo valioso que ofrecer. Pero no te preocupes, no se trata de tener un doctorado o habilidades extraordinarias. Muchas de las competencias necesarias para ser un nómada digital ya están dentro de ti. Haz un inventario honesto:

Habilidades actuales: ¿Eres bueno escribiendo, diseñando, programando, enseñando o gestionando proyectos?

Experiencia previa: Quizás hayas adquirido conocimientos únicos en trabajos pasados que puedan adaptarse al trabajo remoto.

Recursos financieros: No necesitas una fortuna, pero un pequeño fondo de emergencia puede aliviar la transición.

Si sientes que careces de habilidades últiles, no te preocupes. La buena noticia es que vivimos en la era de la información, donde aprender algo nuevo es más accesible que nunca. Plataformas como Udemy, Coursera o YouTube están llenas de cursos que pueden ayudarte a desarrollar competencias en demanda.

Paso 3: Elige un Modelo de Ingreso Remoto

Hay muchas formas de ganar dinero como nómada digital. Algunas personas eligen el trabajo remoto para empresas tradicionales; otras se convierten en freelancers o emprendedores. Estas son las opciones principales:

Trabajo remoto para una empresa: Si ya tienes un empleo, pregúnta si puedes trabajar a distancia. Muchas empresas están abiertas a la idea, especialmente después de la pandemia.

Ventajas: Ingresos estables y beneficios.

Desventajas: Horarios fijos y menos flexibilidad.

Freelancing: Ofrecer tus servicios de manera independiente a través de plataformas como Upwork, Fiverr o Toptal.

Ventajas: Flexibilidad total.

Desventajas: Ingresos variables y necesidad de buscar clientes constantemente.

Emprendimiento digital: Crear tu propio negocio en línea, como vender productos, cursos o tener un blog monetizado.

Ventajas: Control total sobre tu trabajo.

Desventajas: Requiere tiempo para despegar.

Economía de creadores: Monetizar contenido en redes sociales, YouTube, podcasts o boletines informativos.

Ventajas: Creatividad y conexión directa con tu audiencia.

Desventajas: Requiere consistencia y construcción de una audiencia fiel.

Elige el modelo que mejor se adapte a tus habilidades y estilo de vida deseado. Puedes comenzar con uno y diversificar más adelante.

Paso 4: Planifica tu Transición

No necesitas lanzarte al vacío. Una transición planeada minimiza riesgos y aumenta tus probabilidades de éxito. Estos son algunos pasos clave:

Establece un fondo de emergencia: Ahorra suficiente dinero para cubrir al menos 3-6 meses de gastos. Esto te dará tranquilidad mientras construyes tu nuevo estilo de vida.

Crea una red de contactos: Conéctate con otros nómadas digitales y profesionales remotos a través de grupos de Facebook, LinkedIn o eventos locales.

Prueba antes de comprometerte: Si tienes un empleo, intenta trabajar de forma remota por un periodo corto para ver si es lo tuyo.

Aprende sobre la logística: Familiarízate con herramientas como Zoom, Slack, Trello, y servicios de banca en línea para facilitar el trabajo remoto.

Paso 5: Diseña un Plan de Vida Móvil

La vida como nómada digital implica más que simplemente trabajar desde diferentes lugares. Necesitas planificar aspectos prácticos:

Reducción de posesiones: Vive más ligero. Considera vender o almacenar cosas que no sean esenciales.

Documentación: Asegúrate de tener pasaportes, visas y seguros en regla.

Finanzas internacionales: Abre cuentas bancarias digitales como Wise o Revolut para manejar múltiples monedas.

Conectividad: Investiga opciones de Wi-Fi portátil y asegúrate de tener acceso confiable a internet donde sea que vayas.

Paso 6: Mentalidad y Hábitos

El éxito como nómada digital requiere una mentalidad fuerte y hábitos sólidos. Aquí hay algunos consejos para mantenerte enfocado:

Establece rutinas: Define horarios para trabajar, descansar y explorar. La estructura te ayudará a mantener el equilibrio.

Adopta la mentalidad de aprendizaje continuo: El mundo digital evoluciona rápidamente, así que mantén tu curiosidad activa.

Practica la resiliencia: Hab- **Practica la resiliencia**: Hab\u00rctos como la meditación o el journaling pueden ayudarte a lidiar con la incertidumbre y el estrés.

Acepta la imperfección: Al principio, cometerás errores, y está bien. Cada paso es una oportunidad de aprendizaje.

El primer paso hacia la libertad digital puede parecer intimidante, pero es también el más emocionante. No tienes que ser perfecto; solo tienes que empezar. Si sigues los pasos de este capítulo, estarás mucho más cerca de convertirte en un nómada digital exitoso.

¿Estás listo para dar el primer paso? Recuerda, la vida que deseas no es un sueño lejano; es una decisión que puedes tomar hoy. El mundo está lleno de posibilidades, y tú tienes las herramientas para conquistarlo.

Cómo prepararte mental, profesional y financieramente para adoptar el estilo de vida nómada digital

El estilo de vida nómada digital ha ganado popularidad en los últimos años gracias al avance de la tecnología y la globalización. Sin embargo, esta transición no es solo una decisión de estilo de vida; requiere preparación mental, profesional y financiera. Adoptar este modo de vida implica una planificación rigurosa para garantizar una transición exitosa y sostenible.

1. Preparación Mental

El cambio hacia el estilo de vida nómada digital demanda una mentalidad resiliente y flexible. Antes de embarcarte en esta aventura, considera los siguientes aspectos:

a) Aceptar la incertidumbre

El estilo de vida nómada digital implica convivir con la incertidumbre, desde cambios inesperados en los planes de viaje hasta fluctuaciones en los ingresos. Según un estudio publicado por la revista "Psychology Today" (2021), cultivar una mentalidad de crecimiento ("growth mindset") ayuda a los individuos a adaptarse mejor a las circunstancias cambiantes.

Acciones concretas:

Meditación y mindfulness: Practica técnicas de atención plena para manejar el estrés.

Estrategias de afrontamiento: Define cómo manejar los escenarios más desafiantes, como la pérdida de un cliente o dificultades con el visado.

b) Construir una red de apoyo

La soledad puede ser un obstáculo importante. Los nómadas digitales a menudo dependen de comunidades en línea y eventos locales para conectarse con personas afines. Redes como "Nomad List" o grupos de Facebook para nómadas digitales son plataformas esenciales.

c) Autoevaluación continua

Pregúntate periódicamente si este estilo de vida sigue alineado con tus objetivos personales y profesionales. Un diario de reflexión puede ayudarte a identificar patrones y ajustar estrategias.

2. Preparación Profesional

Para trabajar de manera remota, es crucial identificar y desarrollar habilidades transferibles, establecer una rutina eficiente y asegurarte de que tu profesión sea compatible con este estilo de vida.

a) Identificar tus habilidades transferibles

Las habilidades transferibles son aquellas que pueden aplicarse en diferentes industrias y roles. Según un informe de McKinsey Global Institute (2022), habilidades como la comunicación efectiva, la resolución de problemas y la alfabetización digital son altamente valoradas en el mercado laboral remoto.

Ejemplos de habilidades transferibles:

Habilidades técnicas: Dominio de herramientas como Microsoft Office, Slack, Trello y software específico de la industria.

Habilidades blandas: Liderazgo, adaptabilidad y colaboración en entornos virtuales.

Acciones concretas:

Autodiagnóstico: Realiza una evaluación de tus competencias utilizando herramientas como StrengthsFinder o la matriz de habilidades de McKinsey.

Formación continua: Invierte en cursos en línea a través de plataformas como Coursera, Udemy o LinkedIn Learning.

b) Crear un portafolio profesional

Un portafolio digital bien diseñado es esencial para demostrar tus habilidades a clientes o empleadores remotos. Incluye muestras de trabajo, logros destacados y recomendaciones.

c) Desarrollar una estrategia de adquisición de clientes

Si eres freelancer, asegúrate de tener un plan claro para conseguir proyectos. Esto incluye la creación de perfiles atractivos en plataformas como Upwork, Fiverr o Toptal, así como la utilización de redes sociales profesionales como LinkedIn.

d) Establecer rutinas de productividad

La autogestión es fundamental en el trabajo remoto. Usa metodologías como el sistema Pomodoro o la matriz de Eisenhower para priorizar tareas.

Dato clave: Según un informe de Harvard Business Review (2020), los trabajadores remotos que establecen horarios consistentes son un 24% más productivos que aquellos que no lo hacen.

3. Preparación Financiera

La sostenibilidad financiera es uno de los pilares del estilo de vida nómada digital. Una planificación adecuada te protegerá de problemas económicos mientras viajas y trabajas.

a) Crear un fondo de emergencia

Antes de comenzar tu vida como nómada digital, es vital contar con un fondo de emergencia equivalente a al menos tres a seis meses de gastos. Este fondo actúa como un colchón en caso de imprevistos.

b) Estimar costos mensuales

Investiga los costos de vida en los destinos que planeas visitar. Herramientas como "Numbeo" pueden proporcionarte datos actualizados sobre el costo de vida en diferentes ciudades.

Ejemplo:

Bali: $1,200/mes

Lisboa: $2,000/mes

Chiang Mai: $900/mes

c) Diversificar ingresos

Depender de una sola fuente de ingresos puede ser riesgoso. Considera combinar trabajos freelance, consultorías, creación de contenido o venta de productos digitales.

d) Optimizar tus impuestos

Consulta con un asesor fiscal para entender las implicaciones tributarias de trabajar de forma remota. Algunos países ofrecen programas de "visados para nómadas digitales" con beneficios fiscales.

e) Usar herramientas financieras

Las aplicaciones y plataformas financieras son clave para gestionar tu dinero mientras viajas. Ejemplos incluyen:

Revolut y **Wise:** Para transferencias internacionales.

Mint: Para gestionar presupuestos.

Expensify: Para rastrear gastos.

f) Seguro de salud y viajes

El seguro es imprescindible para cubrir emergencias médicas y otros imprevistos. Opciones populares entre nómadas digitales incluyen SafetyWing y World Nomads.

Identificar tus habilidades transferibles y crear un plan de acción

Para facilitar la transición, es crucial identificar las habilidades que ya posees y planificar cómo aplicarlas en el mercado laboral remoto.

Paso 1: Autoevaluación de habilidades

Haz una lista de tus habilidades actuales y categorízalas en:

Habilidades técnicas: Lenguajes de programación, diseño gráfico, marketing digital.

Habilidades blandas: Resolución de conflictos, comunicación intercultural.

Paso 2: Investigar el mercado laboral remoto

Identifica las profesiones en alta demanda, como desarrollo web, escritura de contenido, diseño UX/UI y gestión de proyectos.

Estadística relevante:

Según FlexJobs (2023), los sectores con mayor crecimiento en trabajos remotos son:

Tecnología

Educación y formación

Marketing digital

Paso 3: Diseñar un plan de acción

Un plan de acción efectivo debe incluir objetivos específicos, medibles, alcanzables, relevantes y con un tiempo definido (SMART).

Ejemplo de plan SMART:

Objetivo: Conseguir mi primer cliente freelance en diseño gráfico en tres meses.

Acciones:

Completar un curso avanzado en Adobe Illustrator.

Diseñar un portafolio en Behance.

Publicar contenido en LinkedIn sobre tendencias de diseño.

Paso 4: Medir el progreso

Establece hitos mensuales para evaluar tu avance. Utiliza herramientas como Trello o Notion para organizar tus tareas.

Adoptar el estilo de vida nómada digital es una decisión transformadora que exige una preparación integral. Desde cultivar una mentalidad resiliente hasta desarrollar habilidades transferibles y asegurar tu estabilidad financiera, cada paso es esencial para una transición exitosa. Con una planificación rigurosa y un enfoque estratégico, puedes disfrutar de la libertad y las oportunidades que ofrece este estilo de vida.

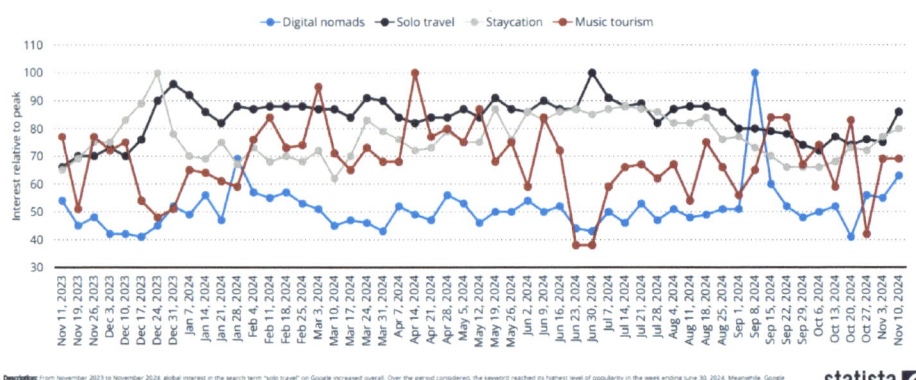

Capítulo 2: Diseñando Tu Oficina Global

Imagina una vida donde tu escritorio pueda ser una mesa frente a una playa de arena blanca en Bali, una acogedora cafetería en las calles adoquinadas de Praga o una moderna oficina compartida con vistas al horizonte de Tokio. Diseñar tu oficina global no es solo una cuestión de logística; es la piedra angular de un estilo de vida que combina libertad, productividad y conexión con el mundo.

Este capítulo te guiará para crear un entorno de trabajo que te permita prosperar como nómada digital. A través de historias de éxito y estrategias prácticas, descubrirás cómo superar los desafíos de trabajar en movimiento mientras diseñas una vida que se adapte a tus sueños y metas.

El Caso de Andrea: Productividad en Movimiento

Andrea es una diseñadora gráfica que dejó su trabajo corporativo en Nueva York para explorar el mundo. Con un portafolio de clientes internacionales, enfrentó su primer gran desafío al intentar mantener su nivel de productividad mientras trabajaba desde una ciudad nueva cada mes.

Su solución: un enfoque estructurado para diseñar su oficina global. Andrea descubrió que su productividad dependía de tres factores clave:

Conexión estable a Internet: Antes de llegar a un nuevo destino, investigaba las opciones de Wi-Fi disponibles y se suscribía a planes de datos internacionales confiables.

Zona de trabajo ergonómica: Invertía en herramientas portátiles como un teclado mecánico compacto y una laptop liviana pero potente.

Rutinas claras: Estableció horarios consistentes y aplicó técnicas como la de Pomodoro para mantener la concentración.

El resultado fue un modelo de trabajo que no solo le permitió cumplir con sus plazos, sino también disfrutar plenamente de sus aventuras.

Estrategias Clave para Diseñar Tu Oficina Global

1. Elige las Herramientas Adecuadas

Las herramientas tecnológicas son la base de cualquier oficina global. Estas son algunas que no pueden faltar:

Computadora portátil: Opta por modelos ultraligeros y duraderos como el MacBook Air o la Dell XPS.

Software de gestión: Plataformas como Notion, Trello o Asana son esenciales para organizar tareas y colaborar con equipos remotos.

Soluciones de respaldo: Usa servicios en la nube como Google Drive o Dropbox para asegurarte de que tus archivos estén siempre seguros y accesibles.

Adaptadores y cargadores universales: Viajar por diferentes países requiere estar preparado para varios tipos de enchufes y voltajes.

2. Diseña un Entorno de Trabajo Flexible

No siempre tendrás el lujo de una oficina privada, pero con creatividad, puedes convertir casi cualquier espacio en un lugar de trabajo efectivo:

Busca espacios de coworking: Son ideales para establecer una red de contactos locales y disfrutar de instalaciones de alta calidad.

Crea zonas de trabajo temporales: Un par de auriculares con cancelación de ruido y un soporte ajustable para laptops pueden transformar una cafetería ruidosa en tu centro de operaciones.

Optimiza la luz: Trabaja cerca de ventanas para aprovechar la luz natural y reduce la fatiga visual.

3. Adapta tu Rutina a Diferentes Zonas Horarias

Si trabajas con clientes o equipos en varias partes del mundo, la gestión del tiempo es fundamental:

Usa herramientas como World Time Buddy para coordinar reuniones.

Establece horas de disponibilidad fijas que respeten tanto tu productividad como las necesidades de tus colaboradores.

Aprovecha los momentos tranquilos fuera del horario habitual para realizar tareas profundas y creativas.

Historias de Éxito: De la Teoría a la Práctica

El Viaje de Marco: De Freelancer a Empresario Global

Marco comenzó como redactor freelance trabajando desde su pequeño apartamento en Madrid. Al convertirse en nómada digital, expandió su cartera de clientes al crear relaciones en comunidades de coworking en São Paulo, Bangkok y Berlín. Con el tiempo, fundó una agencia de marketing remota que ahora opera en tres continentes.

Marco atribuye su éxito a:

Construir una red global: Participaba en eventos locales y plataformas online para establecer contactos.

Delegar tareas: Contrató a colaboradores remotos especializados, permitiéndole concentrarse en la estrategia.

Invertir en su educación: Completó cursos en línea sobre liderazgo y gestión empresarial para mejorar sus habilidades.

Sofía y el Arte de Balancear Familia y Trabajo

Sofía es madre de dos niños y consultora de tecnología. Su éxito como nómada digital radica en haber diseñado un entorno de trabajo que también acomodara las necesidades de su familia.

Planificación anticipada: Elegía destinos con buena infraestructura para familias, como Lisboa o Melbourne.

Horarios estructurados: Bloqueaba horas para el trabajo y tiempo de calidad con sus hijos.

Educación en movimiento: Incorporó programas de aprendizaje en línea para que sus hijos no interrumpieran su educación.

Superando Obstáculos Comunes

A medida que diseñas tu oficina global, es probable que enfrentes algunos desafíos. Aquí te ofrecemos soluciones prácticas:

Conexión a Internet inconsistente: Lleva un hotspot portátil y asegúrate de que tu plan de datos cubra roaming internacional.

Desgaste emocional: Crea un espacio de autocuidado con meditación, ejercicio y tiempo para desconectar.

Dificultades para socializar: Participa en comunidades locales de nómadas digitales y asiste a eventos para hacer nuevos amigos y contactos.

Diseñar tu oficina global es más que un ejercicio logístico; es una declaración de intención. Estás creando un espacio que te permita prosperar no solo como profesional, sino también como ciudadano del mundo.

Recuerda: el éxito como nómada digital no depende de tener el lugar perfecto, sino de desarrollar la adaptabilidad y la visión para convertir cualquier lugar en el lugar adecuado. Tu oficina global es un reflejo de tu estilo de vida, tus metas y tus sueños. Es tu herramienta para trabajar desde cualquier parte y prosperar en todas.

Herramientas tecnológicas, estrategias de productividad y creación de un espacio de trabajo adaptable en cualquier lugar

La luz del amanecer se filtraba por las persianas de la pequeña cabaña de madera donde Clara, una diseñadora gráfica convertida en nómada digital, se había instalado temporalmente. Estaba en medio de una selva tropical, rodeada de sonidos de la naturaleza que habrían distraído a cualquiera. Pero Clara tenía un secreto: una combinación poderosa de herramientas tecnológicas y estrategias de productividad que le permitía trabajar eficientemente desde cualquier lugar del mundo.

La importancia de las herramientas tecnológicas

—No importa dónde estés, mientras tengas las herramientas adecuadas—, solía decir Clara a sus amigos que admiraban su estilo de vida.

La primera y más crucial herramienta en el arsenal de Clara era su laptop ultraligera con una batería de larga duración. Sin embargo, lo que realmente marcaba la diferencia era el software que utilizaba. A través de **Trello**, organizaba sus proyectos en tableros visuales que le permitían ver el progreso de cada tarea. Cada mañana, antes de comenzar a trabajar, revisaba su lista de pendientes y organizaba el día usando la metodología **Kanban**.

—Es como tener un asistente personal que nunca se olvida de nada—, decía mientras movía tarjetas entre columnas con un clic.

Cuando Clara necesitaba colaborar con sus clientes, recurría a **Slack y Zoom**. Slack, con su interfaz intuitiva, permitía mantener conversaciones estructuradas, mientras que Zoom hacía posible las reuniones virtuales. Incluso en el rincón más remoto del mundo, Clara nunca perdía la conexión gracias a su router portátil con una tarjeta SIM internacional.

Pero las herramientas tecnológicas no eran solo para comunicarse. Clara confiaba en **Adobe Creative Cloud** para su trabajo de diseño, mientras que aplicaciones como **Grammarly** y **Notion** le ayudaban a mantener su escritura profesional y su investigación bien organizada.

Estrategias de productividad

Un día, mientras trabajaba desde un café en Estambul, Clara conoció a Luca, un desarrollador de software que también era nómada digital. Juntos discutieron las dificultades de mantenerse productivos cuando todo el mundo parecía estar de vacaciones.

—La clave está en la disciplina—, afirmó Luca, mientras mostraba su técnica favorita: el **método Pomodoro**. Clara adoptó esta estrategia inmediatamente. Dividía su día en intervalos de 25 minutos de trabajo intenso seguidos de cinco minutos de descanso. Durante los descansos, solía estirarse o simplemente disfrutar del paisaje.

Otra estrategia que Clara implementó fue establecer horarios de trabajo fijos. Aunque el estilo de vida de un nómada digital podía ser tentadoramente flexible, Clara descubrió que mantener una rutina diaria aumentaba su eficiencia. Por la mañana, comenzaba con una sesión de planificación, seguida de bloques de trabajo sin interrupciones y una pausa al mediodía para recargar energías.

Creación de un espacio de trabajo adaptable

Durante una estancia en Tokio, Clara tuvo que improvisar un espacio de trabajo en un pequeño apartamento alquilado. Sin embargo, estaba preparada para cualquier circunstancia gracias a su kit de herramientas portátiles: una alfombrilla ergonómica para el mouse, un soporte plegable para laptop y una luz LED que replicaba la luz natural.

—Tu espacio de trabajo no necesita ser perfecto, solo funcional—, reflexionó mientras ajustaba su silla para evitar tensión en la espalda.

Clara también utilizaba **auriculares con cancelación de ruido**, esenciales para concentrarse en entornos ruidosos. Cuando trabajaba en cafeterías bulliciosas o aeropuertos llenos de gente, estos auriculares la transportaban a un lugar de calma absoluta.

Las mejores aplicaciones y plataformas para trabajar remotamente

Clara había probado una infinidad de aplicaciones, pero algunas se destacaban. **Google Workspace** era su herramienta favorita para la colaboración en documentos y hojas de cálculo. Todo quedaba almacenado en la nube, accesible desde cualquier dispositivo.

Otra aplicación indispensable era **LastPass**, que le permitía gestionar sus contraseñas de manera segura. —Si hay algo que no puedo permitirme como nómada digital, es perder el acceso a mis cuentas—, pensó.

Para mantener un seguimiento de sus finanzas, Clara utilizaba **Wave**. La plataforma no solo le ayudaba a emitir facturas profesionales, sino que también le daba una visión clara de sus ingresos y gastos, algo crucial para planificar sus próximos destinos.

Una tarde en Bali, Clara se dio cuenta de que estaba perdiendo mucho tiempo en redes sociales. Decidió instalar **Freedom**, una aplicación que bloqueaba sitios web distractores durante sus horas de trabajo. Este simple cambio aumentó su productividad significativamente.

Historias de éxito

Una de las historias más inspiradoras que Clara había escuchado durante su vida como nómada digital fue la de Anaïs, una escritora que había creado un blog desde una pequeña isla griega. Anaïs comenzó con poco más que una laptop vieja y una conexión a internet poco confiable. Con perseverancia y el uso de herramientas como **WordPress** y **Canva**, su blog se convirtió en una referencia para viajeros.

—Lo importante no es el equipo que tengas, sino la pasión que pongas en lo que haces—, le dijo Anaïs a Clara durante una videollamada.

Con el tiempo, Clara aprendió que prosperar como nómada digital no solo requería las herramientas adecuadas, sino también una mentalidad adaptable. Hubo días en que la conexión a internet falló o las condiciones del lugar eran menos que ideales, pero Clara siempre encontraba una forma de seguir adelante.

—La libertad de trabajar desde cualquier lugar tiene un precio, pero es un precio que estoy dispuesta a pagar—, pensó mientras cerraba su laptop y salía a explorar un nuevo destino.

El estilo de vida del nómada digital, cuando se vive con intención y preparación, no solo es viable, sino también profundamente gratificante. Con las herramientas, estrategias y plataformas adecuadas, cualquiera puede crear un espacio de trabajo adaptable y vivir una vida llena de aventuras y productividad.

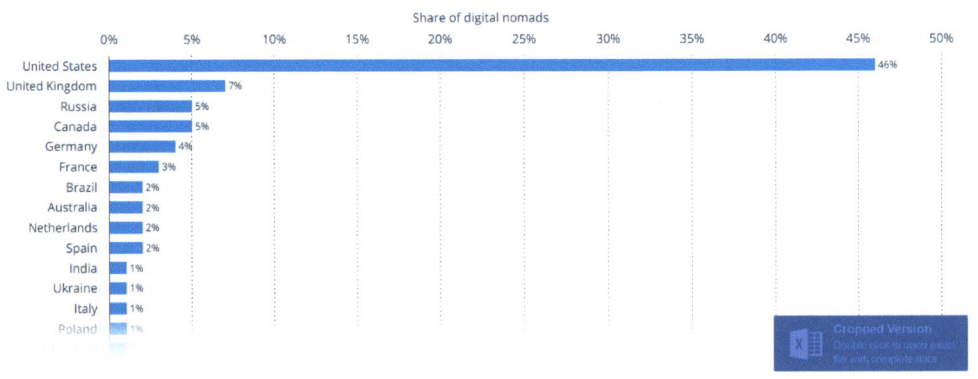

Capítulo 3: Elegir Destinos, No Solo Mapas

En el mundo del nómada digital, la elección del destino no es simplemente una decisión geográfica. Representa una combinación de oportunidades, logística, y bienestar personal.

Este capítulo explorará los factores clave que deben considerarse al seleccionar un lugar para vivir y trabajar como nómada digital. También incluye estudios de caso y recomendaciones fundamentadas que te permitirán tomar decisiones informadas y estratégicas.

3.1 Más Allá de la Geografía: Factores Fundamentales

Al considerar un destino, muchos nómadas digitales tienden a enfocarse en elementos visibles como el clima, las playas paradisíacas o la vida nocturna. Si bien estas son variables atractivas, el éxito de una vida nómada depende de factores más profundos y a menudo menos evidentes.

Conectividad a Internet

El acceso a una conexión a Internet confiable y rápida es esencial para cualquier nómada digital. No todos los destinos idílicos cuentan con infraestructura adecuada para las demandas tecnológicas modernas.

Estudio de caso: Chiang Mai, Tailandia. Este destino es conocido por su robusta infraestructura de Internet, con velocidades promedio de descarga de 50 Mbps, además de cafeterías y espacios de coworking ampliamente disponibles. Según un informe de Nomad List, el 92% de los encuestados clasificó a Chiang Mai como "excelente" en conectividad a Internet.

3.1.2 Costo de Vida

El presupuesto mensual de un nómada digital puede variar drásticamente dependiendo del lugar. Factores como el alojamiento, la comida, el transporte y los servicios públicos deben ser evaluados con detenimiento.

Comparativa: En Lisboa, Portugal, el costo promedio de vida mensual para un nómada digital es de $2,000 USD, mientras que en Medellín, Colombia, se reduce a $1,200 USD. Estos datos permiten prever si un destino se adapta a tu presupuesto y estilo de vida.

Formar parte de una comunidad puede marcar la diferencia en la experiencia del nómada digital. Destinos como Bali, Indonesia, y Ciudad de México cuentan con redes establecidas de profesionales remotos que organizan eventos, talleres y oportunidades de networking.

Comentario dirigido al lector: "Buscar una comunidad no es solo encontrar amigos; es también tener acceso a recursos valiosos que te ayuden a crecer profesional y personalmente."

Adaptarse a una nueva cultura es más fácil en algunos lugares que en otros. Por otro lado, la seguridad también es un factor primordial, especialmente si viajas solo o con un equipo caro.

Recomendación: Antes de viajar, consulta índices como el Global Peace Index o plataformas como Numbeo para evaluar los niveles de seguridad.

3.2 Diseñando un Perfil de Destino

Una herramienta práctica para elegir destinos es crear un perfil basado en tus prioridades personales y profesionales. Este perfil debe incluir:

Preferencias climáticas: Prefieres climas cálidos, templados o fríos.

Horario laboral: Considera zonas horarias compatibles con tus clientes o tu equipo.

Accesibilidad: Evalúa la facilidad para viajar desde y hacia el destino.

Estilo de vida: Define si buscas tranquilidad o una vida más dinámica.

Ejemplo práctico: Un desarrollador web con clientes en Nueva York podría priorizar zonas horarias cercanas al huso horario EST, como Ciudad de México, en lugar de Bali, para facilitar la comunicación en tiempo real.

Herramientas y Recursos

Plataformas digitales: Websites como Nomad List y Expatistan ofrecen datos actualizados sobre destinos populares.

Grupos sociales: Unión a comunidades en Reddit o Facebook puede proporcionar información de primera mano.

Planificadores de viajes: Aplicaciones como Skyscanner y Rome2Rio permiten analizar rutas y costos.

3.3 Destinos Emergentes vs. Destinos Establecidos

Elegir entre destinos emergentes y aquellos ya consolidados como favoritos para nómadas digitales depende de tus objetivos y preferencias personales.

Ventajas de los Destinos Establecidos

Infraestructura probada.

Comunidades amplias de nómadas.

Recursos fácilmente accesibles, como espacios de coworking y alojamiento adaptado.

Ejemplo: Barcelona, España, es un destino clásico por su mezcla de vida urbana, infraestructura moderna y conectividad global.

Beneficios de los Destinos Emergentes

Costos más bajos.

Experiencias auténticas y menos saturación turística.

Oportunidades para descubrir mercados laborales menos competitivos.

Estudio de caso: Tbilisi, Georgia. Con una visa de nómada digital que permite estancias prolongadas, esta ciudad combina bajos costos (menos de $1,000 USD/mes) con un rápido crecimiento en infraestructura digital.

Comentario dirigido al lector: "Si estás dispuesto a adaptarte a lo inesperado, un destino emergente podría ofrecerte experiencias que transformen tu perspectiva profesional y personal."

El dinamismo es una característica intrínseca del estilo de vida nómada. Elegir un destino no implica una permanencia indefinida, sino una etapa en un viaje más amplio. Esto requiere flexibilidad y capacidad de adaptación.

Si bien es importante tener un plan inicial, también es esencial dejar espacio para ajustes sobre la marcha. Muchas veces, los destinos más adecuados se revelan solo después de haber experimentado algunos desaciertos.

Recomendación: Utiliza estancias cortas (Airbnb o contratos de un mes) para evaluar un lugar antes de comprometerte a largo plazo.

La capacidad de adaptarte a culturas y costumbres diferentes es una habilidad esencial. Aprende algunas frases clave en el idioma local y familiarízate con las normas sociales para integrarte más fácilmente.

Ejemplo: En Japón, entender la etiqueta básica sobre el uso de los palillos y el saludo puede abrir puertas a una experiencia más enriquecedora.

La conexión con la comunidad local no solo facilita la adaptación, sino que también enriquece tu experiencia y crea oportunidades inesperadas.

Comentario dirigido al lector: "La colaboración local puede ser la llave que desbloquee nuevos proyectos o una inspiración inesperada para tu trabajo."

Elegir un destino como nómada digital no es solo marcar un punto en un mapa. Implica un análisis estratégico de factores tangibles e intangibles que afectan tu vida personal y profesional.

Tomar decisiones fundamentadas, basadas en datos y experiencias, te permitirá maximizar las oportunidades y minimizar los riesgos.

Cierre dirigido al lector: "Tu próximo destino no es solo un lugar; es un capítulo en tu historia como nómada digital. Elije sabiamente, adapta con flexibilidad y prospera dondequiera que te lleve el camino."

Cómo seleccionar los mejores destinos según tus objetivos, presupuesto y estilo de vida

Tomar la decisión de convertirte en un nómada digital es un acto de valentía y una afirmación de tu libertad. Pero, ¿cómo eliges dónde ir cuando el mundo está al alcance de tus manos? Este proceso no es solo una cuestión de geografía; también implica considerar tus objetivos personales y profesionales, tus limitaciones financieras y, sobre todo, tu estilo de vida.

Define tus objetivos: trabajo, cultura o calidad de vida

El primer paso es preguntarte: ¿Qué quieres lograr? Si tu objetivo es maximizar la productividad laboral, destinos como Chiang Mai en Tailandia, Medellín en Colombia o Lisboa en Portugal son populares entre nómadas digitales gracias a sus comunidades tecnológicas, coworking asequibles y excelente infraestructura de internet.

Por otro lado, si buscas una inmersión cultural, ciudades como Kioto en Japón o Fez en Marruecos ofrecen una rica tradición que podrás explorar durante tu tiempo libre. Para quienes priorizan la calidad de vida, países escandinavos o Nueva Zelanda pueden ser ideales debido a su estabilidad, seguridad y sistemas de salud pública.

Historia real: Martín, un desarrollador web argentino, pasó un año en Bali con el sueño de mejorar su balance entre vida y trabajo. Descubrió que las vibrantes comunidades de yoga y meditación complementaban perfectamente su rutina laboral. "Nunca había sentido un equilibrio tan perfecto," cuenta Martín.

Presupuesto: vivir bien sin arruinarte

Tu presupuesto puede ser el factor determinante a la hora de seleccionar un destino. Por ejemplo, ciudades como Bangkok, Ciudad de México o Ho Chi Minh tienen costos de vida significativamente más bajos en comparación con hubs tecnológicos como San Francisco o Londres.

Dato interesante: De acuerdo con el informe de Nomad List 2023, se puede vivir cómodamente en Tailandia por menos de $1,000 al mes, mientras que en Suiza este costo puede ascender a $4,000.

Un consejo es dividir tu presupuesto mensual en tres grandes categorías: vivienda, alimentación y transporte. Utiliza herramientas como Numbeo o Expatistan para comparar los costos promedio entre diferentes ciudades.

Ejemplo revelador: Sofia, una diseñadora gráfica española, optó por vivir en Hanoi, Vietnam, donde alquiló un apartamento con vista al lago por menos de $500 mensuales. Esto le permitió ahorrar para futuros viajes mientras disfrutaba de un alto nivel de vida.

Tu estilo de vida: entre la aventura y la estabilidad

El éxito de tu experiencia como nómada digital también depende de la alineación entre tu personalidad y las características del destino. Si disfrutas de la naturaleza y el aire libre, ciudades pequeñas rodeadas de paisajes espectaculares como Queenstown en Nueva Zelanda pueden ser ideales. Si, en cambio, eres un urbanita empedernido, Ámsterdam o Tokio podrían ser más apropiados.

Reflexión: El autoconocimiento es clave. Evalúa qué tanto valoras la privacidad, las conexiones sociales o el acceso a eventos culturales. Tu comodidad y felicidad a largo plazo dependen de estos factores.

Guía para manejar visas, seguros de viaje y requisitos legales

Uno de los aspectos más desafiantes del estilo de vida nómada digital es navegar el complejo entramado de visas, seguros de viaje y requisitos legales. A continuación, te presentamos una guía clara y práctica para que puedas enfocarte en trabajar y explorar sin preocupaciones.

Visas para nómadas digitales: la clave para la movilidad

En los últimos años, varios países han introducido visas específicas para nómadas digitales. Estas permiten trabajar de manera legal mientras disfrutas de las ventajas de un nuevo entorno. Algunos ejemplos destacados incluyen:

Estonia e-Residency: Este programa facilita el establecimiento de negocios digitales en la Unión Europea.

Visa de Nómada Digital de Barbados: Permite residir hasta 12 meses trabajando remotamente.

Visa de Trabajo Remoto en Dubái: Diseñada para profesionales que ganan al menos $5,000 mensuales.

Consejo práctico: Siempre verifica los requisitos en los consulados locales o sitios web oficiales. Algunos países exigen pruebas de ingresos, seguro de salud y reservas de alojamiento.

Ejemplo: Emma, una escritora británica, utilizó la visa para nómadas digitales de Portugal para establecerse en Lisboa. Gracias a esta opción, pudo evitar problemas legales y disfrutar de los beneficios fiscales locales.

Seguros de viaje: protección ante lo inesperado

Viajar sin seguro de viaje es un riesgo innecesario. Opta por un seguro que cubra:

Gastos médicos: Asegúrate de incluir emergencias y repatriación.

Pérdida de pertenencias: Esencial si llevas equipo costoso como laptops o cámaras.

Cancelaciones: Protección contra cambios inesperados en tus planes.

Opciones recomendadas: Empresas como SafetyWing y World Nomads ofrecen planes adaptados a las necesidades de nómadas digitales. Por ejemplo, SafetyWing permite renovar su cobertura de manera mensual, ideal para quienes no tienen una fecha fija de regreso.

Caso curioso: Lucas, un programador freelance, se fracturó un brazo mientras practicaba surf en Costa Rica. Gracias a su seguro, pudo recibir tratamiento sin incurrir en deudas, una experiencia que él describe como un recordatorio para no escatimar en protección.

Requisitos legales: cumpliendo con las normas locales

Es crucial respetar las leyes del país anfitrión para evitar problemas legales. Esto incluye:

Registrar tu residencia: Algunos países requieren que informes tu dirección dentro de un periodo específico.

Declarar impuestos: Asegúrate de entender tus obligaciones fiscales, tanto en el extranjero como en tu país de origen.

Renovaciones de visas: Mantén un calendario para evitar multas o deportaciones.

Sugerencia clave: Si tienes dudas, consulta con abogados especializados en migración o utiliza servicios como Nomad Capitalist para obtener asesoramiento personalizado.

Comentario personal: Puede parecer tedioso lidiar con la burocracia, pero recuerda: una documentación adecuada es la base para vivir y trabajar con tranquilidad. Dedicar tiempo a esta parte del proceso te ahorrará frustraciones en el futuro.

Este camino hacia la vida nómada digital es tan emocionante como desafiante. Seleccionar el destino adecuado y manejar los aspectos legales son solo dos de los pasos más importantes para prosperar. Pero, como descubrirás, cada esfuerzo vale la pena cuando te encuentras trabajando en un café con vistas a una playa paradisíaca o caminando por las calles de una ciudad que siempre soñaste visitar. ¡El mundo te espera!

Number of countries that offer or plan to offer visas to digital nomads worldwide as of March 2024, by region

Countries that offer digital nomad visas 2024, by region

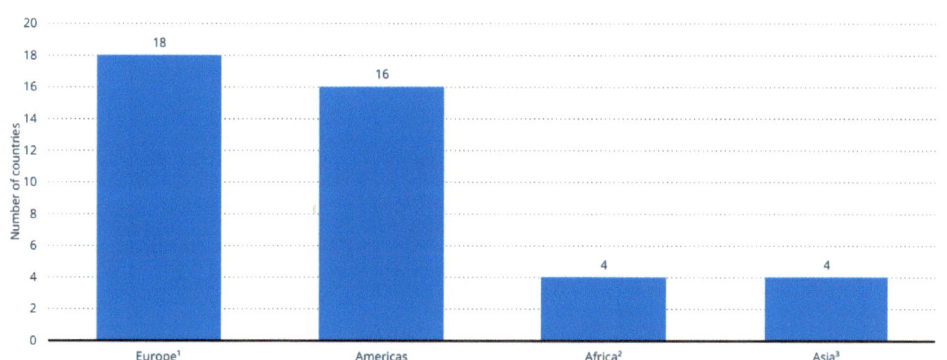

Description: Digital nomads generally combine remote work and travel for various reasons and lengths of time. Passionate about travelling and new adventures, they know how to make the most of new technologies and only need an internet connection to work from anywhere in the world. According to the source, Europe was the world region with the most countries that offer or plan to offer digital nomad visas as of March 2024. Read more
Note(s): Worldwide; as of March 2024
Source(s): Global Citizen Solutions

Capítulo 4: Monetiza Tus Habilidades en la Era Digital

La era digital ha transformado radicalmente la manera en que trabajamos, aprendemos y, por supuesto, ganamos dinero. Si tienes una habilidad —cualquier habilidad—, hay una alta probabilidad de que puedas convertirla en una fuente de ingresos. ¡Sí, tú también! Este capítulo está diseñado para mostrarte cómo aprovechar al máximo tus talentos y ganar dinero desde la comodidad de tu hogar o desde cualquier lugar del mundo.

¿Por qué deberías monetizar tus habilidades ahora?

El mercado global está cambiando rápidamente. Aquellos que se adaptan y capitalizan estas oportunidades digitales prosperan. Considera estas cifras:

En 2023, la economía gig alcanzó un valor estimado de $455 mil millones a nivel mundial, y sigue creciendo a una tasa del 17% anual.

El 52% de los freelancers afirma que la demanda de sus habilidades ha aumentado en los últimos tres años.

Se estima que para 2030, el 80% de las habilidades laborales serán adquiridas de manera independiente a través de plataformas digitales.

En resumen: hay un mercado creciente y una audiencia esperando lo que tú sabes hacer.

Paso 1: Identifica tus habilidades monetizables

Todos somos buenos en algo. El primer paso es descubrir cómo eso que haces bien puede tener valor en el mercado. Haz una lista de tus habilidades. Pregúntate:

¿Qué hago mejor que la mayoría de las personas que conozco?

¿Qué habilidades me piden mis amigos o familiares?

¿En qué he invertido tiempo o dinero para aprender?

Algunos ejemplos de habilidades comunes que puedes monetizar incluyen:

Habilidades técnicas: Programación, diseño gráfico, edición de videos.

Habilidades creativas: Escritura, arte, fotografía.

Conocimiento especializado: Marketing, gestión de proyectos, finanzas personales.

Habilidades sociales: Enseñanza, coaching, resolución de conflictos.

Comentario directo: Si aún no estás seguro de qué habilidad elegir, revisa tus redes sociales o habla con personas cercanas. Pregunta: "¿En qué crees que soy realmente bueno?" Te sorprenderá lo que los demás ven en ti.

Paso 2: Encuentra tu nicho en el mercado digital

Tener una habilidad no es suficiente; necesitas identificar dónde encaja en el mercado. La clave aquí es el nicho. Cuanto más específico seas, más fácil será destacar.

Investiga la demanda: Usa herramientas como Google Trends, Upwork y Fiverr para ver qué habilidades están en alta demanda. Por ejemplo:

La programación en Python es una de las más buscadas en plataformas freelancing.

La edición de video para redes sociales tiene un crecimiento explosivo gracias a TikTok e Instagram.

Analiza a tu competencia: No necesitas ser el mejor del mundo, solo ofrecer algo valioso y diferente. Observa qué hacen otros en tu campo y busca cómo puedes aportar algo único.

Define tu propuesta de valor: Responde a esta pregunta: "¿Por qué deberían contratarme a mí y no a otra persona?". Esto puede ser precio competitivo, rapidez, experiencia o un enfoque personalizado.

Comentario directo: Si alguien ya está ganando dinero con una habilidad similar a la tuya, eso es buena señal. Significa que hay demanda. ¡No tengas miedo de entrar al mercado!

Paso 3: Construye tu presencia en línea

Para vender tus habilidades en el mundo digital, necesitas estar visible. La buena noticia es que hoy en día, crear una presencia en línea es más fácil que nunca. Aquí tienes los pasos esenciales:

Crea un portafolio o perfil profesional:

Usa plataformas como Behance (para creativos), GitHub (para desarrolladores) o Medium (para escritores).

Si prefieres algo más completo, construye tu propio sitio web con herramientas como Wix o WordPress.

Optimiza tus redes sociales:

LinkedIn es crucial para establecer contactos y mostrar tus logros.

Instagram y TikTok son ideales si tus habilidades son visuales o creativas.

Muestra tus resultados: Enfócate en mostrar cómo has ayudado a otros con tu habilidad. Por ejemplo:

"Ayudé a un negocio local a aumentar sus ventas en un 30% en tres meses mediante estrategias de marketing digital."

"Creé ilustraciones personalizadas para 15 clientes satisfechos en el último mes."

Comentario directo: No necesitas tener el portafolio perfecto para empezar. Incluso unos pocos ejemplos sólidos pueden abrirte muchas puertas.

Paso 4: Elige las plataformas correctas para monetizar

Existen docenas de plataformas diseñadas para que las personas moneticen sus habilidades. Aquí están algunas de las mejores, dependiendo de tu habilidad:

Freelancing: Upwork, Fiverr, Toptal.

Educación en línea: Udemy, Teachable, Skillshare.

Servicios personalizados: Etsy (para productos artesanales), Patreon (para contenido exclusivo).

Consultoría o coaching: Calendly para gestionar citas, Zoom para sesiones en línea.

La clave es empezar en una plataforma y dominarla antes de expandirte. Por ejemplo, si eres diseñador gráfico, comienza en Fiverr ofreciendo diseños rápidos y accesibles, y luego construye tu reputación para subir tus tarifas.

Comentario directo: Las plataformas toman una comisión, pero también te dan acceso a una gran audiencia. Considéralo una inversión inicial.

Paso 5: Escala tus ingresos

Una vez que tengas tus primeros clientes, es hora de pensar en grande. La escalabilidad es clave para maximizar tus ingresos en la era digital. Estas son algunas estrategias:

Crea productos digitales: Si estás enseñando algo, convierte ese conocimiento en un curso en línea, un ebook o una guía descargable. Por ejemplo, si eres experto en fotografía, crea una guía de "10 secretos para fotos perfectas".

Automatiza procesos: Usa herramientas como Zapier para automatizar tareas repetitivas. Esto te dará más tiempo para enfocarte en clientes y proyectos.

Cobra por suscripción: Plataformas como Patreon o Substack te permiten generar ingresos recurrentes ofreciendo contenido exclusivo.

Construye una marca personal: A medida que tu reputación crezca, podrás cobrar tarifas más altas e incluso atraer patrocinios o colaboraciones.

Comentario directo: No te detengas en el primer éxito. Piensa en formas de convertir tus habilidades en un sistema que funcione para ti incluso cuando no estés trabajando activamente.

Consejos prácticos para evitar errores comunes

No subestimes tu tiempo: Cobra lo justo. Investiga qué están cobrando otros con habilidades similares y establece un precio competitivo.

Invierte en aprender: Dedica tiempo a mejorar tus habilidades. Cursos asequibles en plataformas como Coursera o YouTube pueden marcar una gran diferencia.

No temas al rechazo: Algunos clientes no te elegirán. Aprende de cada experiencia y sigue adelante.

Historias de éxito para inspirarte

Laura, Diseñadora gráfica: Empezó ofreciendo logos en Fiverr por $10. Ahora tiene su propia agencia creativa y gana más de $10,000 al mes.

Juan, Profesor de inglés: Creó un curso en Udemy que genera ingresos pasivos de $2,000 mensuales.

Ana, Cocinera: Ofrece recetas personalizadas y clases en línea por Zoom. Tiene clientes en tres países diferentes.

La era digital ofrece oportunidades sin precedentes. No importa cuál sea tu habilidad, hay alguien dispuesto a pagarte por ella. Empieza pequeño, experimenta y, lo más importante, actúa. Como dijo una vez Reid Hoffman, fundador de LinkedIn: "Si no te sientes avergonzado por la primera versión de tu producto, es porque lanzaste demasiado tarde". ¡No esperes más!

El mundo está listo para lo que tienes que ofrecer. La pregunta es: ¿Estás listo tú para dar el primer paso?

Fuentes de ingresos para nómadas digitales: desde freelancing y emprendimiento, hasta ingresos pasivos

En un mundo cada vez más conectado, el concepto de "nómada digital" se ha convertido en un estilo de vida aspiracional para muchos. Este fenómeno, alimentado por la tecnología y el deseo de libertad laboral y geográfica, plantea una pregunta central: ¿Cuáles son las mejores fuentes de ingresos para quienes buscan vivir de esta manera? Este artículo explora las diferentes opciones, con un enfoque analítico y basado en datos.

1. Freelancing: La base de muchos nómadas digitales

El freelancing es una de las opciones más comunes para los nómadas digitales. Plataformas como Upwork, Fiverr y Toptal conectan a profesionales con clientes de todo el mundo. Según un informe de Statista (2023), se estima que el mercado global de freelancing alcanzará los $12 mil millones en 2025, con un crecimiento anual del 15%.

Principales campos para freelancers:

Diseño gráfico y desarrollo web: La demanda de diseñadores y desarrolladores web sigue siendo alta, especialmente entre pequeñas y medianas empresas que buscan una presencia en línea.

Redacción y edición: Con la proliferación de blogs y contenido digital, la creación de contenido sigue siendo una de las habilidades más buscadas.

Marketing digital: Especialistas en SEO, SEM y gestión de redes sociales tienen amplias oportunidades.

"El freelancing no solo ofrece flexibilidad, sino también un potencial significativo para escalar ingresos si se aborda con estrategia," destaca Julie Thompson, analista de tendencias laborales.

2. Emprendimiento: Creando una marca personal o un negocio escalable

Muchos nómadas digitales optan por el emprendimiento como una vía para construir un flujo de ingresos más estable y sostenible. Esto puede incluir desde abrir una tienda en línea hasta desarrollar una aplicación.

Modelos populares de emprendimiento:

E-commerce y dropshipping: Utilizando plataformas como Shopify o Amazon, los nómadas digitales pueden gestionar negocios sin necesidad de inventarios físicos.

Cursos en línea y coaching: La educación en línea genera más de $300 mil millones anualmente, según Global Market Insights (2022).

Creación de contenido: YouTubers, podcasters y streamers tienen el potencial de monetizar sus audiencias a través de patrocinios y publicidad.

Caso de éxito:

El creador de contenido y empresario Gary Vaynerchuk generó ingresos sustanciales al construir su marca personal en redes sociales y monetizarla a través de múltiples flujos como conferencias, libros y servicios de marketing.

3. Ingresos pasivos: El sueño de la independencia financiera

Los ingresos pasivos permiten a los nómadas digitales ganar dinero incluso mientras duermen. Aunque requieren una inversión inicial significativa de tiempo o dinero, pueden ser una fuente estable de ingresos a largo plazo.

Fuentes comunes de ingresos pasivos:

Inversiones financieras: Acciones, criptomonedas y fondos indexados.

Venta de productos digitales: Libros electrónicos, cursos y fotografías en bancos de imágenes.

Alquiler de propiedades: A través de plataformas como Airbnb.

Según un informe de CNBC (2023), el ingreso promedio generado por nómadas digitales que invierten en productos digitales oscila entre $2,000 y $5,000 mensuales.

"Si bien los ingresos pasivos pueden parecer un sueño distante, con la estrategia adecuada pueden complementar significativamente otros flujos de ingresos," comenta Alex Johnson, consultor financiero.

Estrategias para encontrar clientes y construir un flujo de ingresos sostenido

Una vez que se elige una fuente de ingresos, el siguiente paso es construir una cartera de clientes y asegurar un flujo de ingresos constante.

1. Redes y conexiones:

El 85% de los freelancers y emprendedores encuentran oportunidades a través de su red personal, según LinkedIn (2023). Participar en conferencias, webinars y comunidades en línea puede abrir puertas inesperadas.

2. Branding personal:

Tener una presencia en línea profesional es crucial. Un sitio web bien diseñado, junto con perfiles activos en LinkedIn e Instagram, puede marcar la diferencia.

3. Diversificación:

No depender de un solo cliente o proyecto reduce el riesgo financiero. La diversificación en diferentes plataformas o tipos de trabajo garantiza estabilidad.

Los nómadas digitales tienen múltiples opciones para generar ingresos, desde freelancing hasta emprendimientos e inversiones pasivas. Sin embargo, el éxito depende de elegir una estrategia alineada con las habilidades y objetivos personales, y de implementar técnicas efectivas para construir y mantener un flujo de ingresos constante. Al adoptar un enfoque analítico y persistente, vivir como nómada digital puede ser tanto sostenible como altamente satisfactorio.

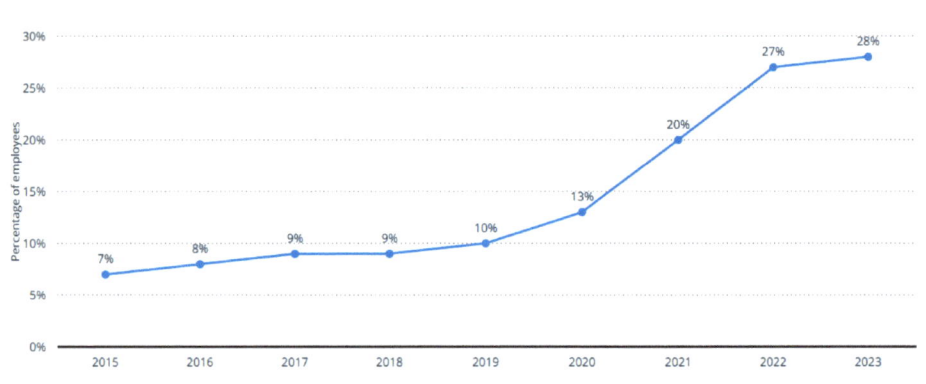

Capítulo 5: Equilibrio, Resiliencia y Crecimiento Personal

Imagina que estás en una playa paradisíaca con una conexión Wi-Fi de alta velocidad. Has trabajado por la mañana y ahora disfrutas de una tarde soleada. La vida del nómada digital puede sonar ideal, pero la verdad es que también tiene sus desafíos. Mantener el equilibrio, construir resiliencia y enfocarte en tu crecimiento personal son esenciales para prosperar mientras trabajas desde cualquier lugar del mundo. ¡Hablemos de cómo lograrlo!

El equilibrio: La clave para mantenerte enfocado y feliz

Trabajar desde la playa, un café o un espacio de coworking suena como un sueño, pero también puede convertirse en una trampa. Las fronteras entre trabajo y vida personal se difuminan rápidamente, y antes de que te des cuenta, puedes estar respondiendo correos a las 11 p. m. o sintiéndote culpable por tomarte un día libre.

Aquí tienes tres estrategias prácticas para mantener el equilibrio:

Establece horarios claros: No necesitas trabajar de 9 a 5, pero sí necesitas un horario. Define bloques de tiempo para trabajar y otros para relajarte o explorar tu entorno. Una herramienta como Google Calendar puede ser tu mejor aliado.

Diseña rutinas diarias: Las rutinas te ayudan a estructurar tu día y reducir la fatiga de tomar decisiones. Por ejemplo, empieza cada mañana con ejercicio o meditación y dedica las primeras horas a las tareas más importantes.

Prioriza el autocuidado: Tu energía es tu recurso más valioso. Dormir bien, comer de forma equilibrada y moverte regularmente no son lujos, son necesidades básicas.

Consejo rápido: Si tienes problemas para desconectarte, utiliza la técnica del "trabajo profundo". Dedica 2-3 horas al día a trabajo sin interrupciones y disfruta del resto de tu tiempo sin culpas.

La resiliencia: Superando los desafíos del camino

Como nómada digital, enfrentarás obstáculos que no habrías imaginado: desde problemas de conexión hasta malentendidos culturales o incluso la soledad. Aquí es donde entra en juego la resiliencia: tu capacidad para adaptarte y recuperarte de las dificultades.

1. Aprende a gestionar el estrés: El estrés es inevitable, pero no tiene que dominarte. Prueba estas técnicas:

Respiración consciente: Dedica 5 minutos al día a respirar profundamente. Esto reduce el cortisol, la hormona del estrés.

Escritura expresiva: Lleva un diario donde descargues tus pensamientos y emociones. Esto te ayudará a procesar las dificultades.

2. Construye una red de apoyo: La soledad puede ser un gran enemigo para los nómadas digitales. Conéctate con otros profesionales en plataformas como Meetup o grupos de Facebook. También considera unirte a comunidades locales o espacios de coworking.

3. Cambia tu mentalidad sobre el fracaso: Cada reto o contratiempo es una oportunidad para aprender. Por ejemplo, si pierdes un cliente, pregúntate: "¿Qué puedo hacer diferente la próxima vez?". La resiliencia se construye cuando tomas los fracasos como escalones hacia el éxito.

Dato interesante: Según un estudio de la Universidad de Harvard, las personas resilientes no solo superan las dificultades, sino que también reportan mayores niveles de satisfacción personal y profesional.

Crecimiento personal: Evoluciona mientras exploras el mundo

Vivir como nómada digital no solo cambia dónde trabajas, sino cómo piensas. Esta vida te desafía a crecer y expandir tus horizontes.

1. Aprende constantemente: El mundo está lleno de oportunidades para aprender, y como nómada digital, tienes acceso a una variedad infinita de recursos:

Cursos en línea: Plataformas como Coursera, Udemy o Skillshare te permiten adquirir habilidades nuevas desde cualquier lugar.

Cultura local: Sumérgete en las tradiciones, el idioma y la historia de los lugares que visitas. Cada experiencia enriquecerá tu perspectiva.

2. Establece metas personales y profesionales: El crecimiento personal requiere intención. Define metas específicas, medibles y alcanzables para tu vida y trabajo. Por ejemplo:

Aprender un nuevo idioma en 6 meses.

Duplicar tus ingresos en un año.

Completar un curso de certificación en tu campo.

3. Celebra tus logros: Es fácil centrarse en lo que aún no has logrado, pero celebrar tus éxitos, por pequeños que sean, te motiva a seguir adelante.

Reflexión: Cada vez que enfrentes un desafío, recuerda por qué elegiste este estilo de vida. ¿Era libertad? ¿Flexibilidad? ¿Aventura? Mantén tus objetivos en mente y usa cada obstáculo como un paso hacia una versión más fuerte de ti mismo.

Ejercicio práctico: Tu plan de equilibrio y crecimiento

¿Listo para tomar acción? Completa este ejercicio para desarrollar tu propio plan:

Define tu equilibrio ideal:

¿Cómo quieres dividir tu tiempo entre trabajo, autocuidado y exploración?

Escribe un horario tentativo.

Identifica tus fuentes de resiliencia:

Enumera 3 técnicas que te ayuden a manejar el estrés.

Identifica a 3 personas (amigos, familiares o colegas) con quienes puedas contar.

Establece 3 metas de crecimiento:

Una meta profesional.

Una meta personal.

Una meta relacionada con tus viajes.

Guarda este plan y revísalo cada mes.

Historias inspiradoras: Resiliencia en acción

Elena y su camino hacia el éxito: Elena, una diseñadora gráfica de 32 años, decidió renunciar a su empleo fijo y trabajar como freelancer mientras viajaba por Asia. Durante su primer mes, perdió un cliente clave y tuvo problemas para conectarse a Internet en zonas remotas. En lugar de rendirse, utilizó su tiempo libre para aprender SEO y redes sociales. Hoy, tiene una cartera diversificada de clientes y trabaja menos horas que antes.

Carlos, el programador resiliente: Carlos, un desarrollador de software, enfrentó la soledad mientras vivía en ciudades donde no conocía a nadie. Decidió unirse a comunidades locales de programadores y participar en hackathones. No solo hizo amigos, sino que también consiguió proyectos colaborativos.

Moral de las historias: Cada obstáculo es una oportunidad para aprender, conectar y crecer. Si ellos pudieron, ¡tú también puedes!

El equilibrio, la resiliencia y el crecimiento personal no son metas lejanas, sino habilidades que puedes desarrollar día a día. La vida como nómada digital te ofrece la libertad de diseñar tu propio camino, pero también requiere compromiso y disciplina.

Recuerda: ¡No estás solo en este viaje! Toma lo que has aprendido en este capítulo y aplícalo. Observa cómo tu vida, trabajo y espíritu crecen a medida que recorres el mundo.

Tu próxima aventura está ahí, esperándote. ¿Estás listo para enfrentarlo todo con equilibrio, resiliencia y un deseo constante de crecer?

Cómo manejar la soledad, la incertidumbre y los desafíos emocionales del nomadismo digital

El nomadismo digital, una forma de vida que combina el trabajo remoto con la libertad de viajar, está ganando popularidad en un mundo globalizado. A primera vista, parece un sueño hecho realidad: trabajar desde playas paradisíacas o cafeterías europeas, explorando culturas diversas mientras se mantiene una carrera profesional. Sin embargo, detrás de las imágenes idílicas compartidas en redes sociales, este estilo de vida también plantea desafíos profundos. La soledad, la incertidumbre y las tensiones emocionales son parte intrínseca de esta experiencia. ¿Cómo enfrentarlos?

Soledad: el precio de la libertad geográfica

Una de las principales dificultades del nomadismo digital es la soledad. Alejarse de familiares, amigos y entornos conocidos puede ser liberador, pero también aislante. Según un estudio de Buffer (2022), el 21% de los trabajadores remotos identifican la soledad como uno de los mayores obstáculos de su estilo de vida.

Estrategias para combatir la soledad:

Construir una red de apoyo virtual y local: Plataformas como Meetup y Couchsurfing pueden ayudar a conectar con comunidades locales. También, mantener videollamadas regulares con amigos y familiares crea una sensación de proximidad.

Ejemplo: Clara, una nómada digital en Bangkok, comparte: "Una llamada semanal con mi grupo de amigos de casa me ayuda a sentirme conectada a pesar de la distancia".

Participar en espacios de coworking: Estos espacios fomentan interacciones sociales y proporcionan un entorno profesional. Un informe de Deskmag (2023) señala que el 71% de los usuarios de coworking sienten que estos lugares mejoran su salud emocional.

Adoptar rutinas locales: Integrarse en la comunidad local a través de clases de idiomas, voluntariado o deportes genera conexiones significativas. En Bali, por ejemplo, muchos nómadas digitales participan en grupos de yoga y surf, promoviendo amistades basadas en intereses comunes.

Incertidumbre: un desafío constante

La vida nómada está marcada por la incertidumbre: ¿Dónde vivirás el próximo mes? ¿Cómo manejarás emergencias médicas en un país extranjero? ¿Qué pasa si pierdes una fuente de ingresos? Estas preguntas generan estrés y ansiedad.

Afrontando la incertidumbre:

Planificación financiera: Crear un fondo de emergencia es esencial. Los expertos recomiendan ahorrar al menos el equivalente a tres meses de gastos.

Datos: Según la consultora McKinsey (2022), el 56% de los trabajadores independientes que enfrentaron imprevistos financieros pudieron solventarlos gracias a ahorros preexistentes.

Simplificar decisiones: Usar aplicaciones como Nomad List permite comparar destinos basados en costo de vida, clima y velocidad de Internet, facilitando elecciones informadas.

Practicar mindfulness: Según un estudio publicado en la revista "Mindfulness" (2021), las prácticas de atención plena reducen el estrés asociado con la incertidumbre en un 38%.

Consejo: Dedica 10 minutos diarios a la meditación guiada usando apps como Headspace.

Aseguranzas adaptadas: Contratar seguros médicos internacionales como SafetyWing o World Nomads brinda tranquilidad frente a imprevistos de salud.

Desafíos emocionales: el peso de una vida inusual

El nomadismo digital desafía las normas sociales. Muchos nómadas enfrentan incomprensión por parte de sus familias, dudas sobre su estabilidad y una constante comparación con estilos de vida más tradicionales.

Herramientas para gestionar el impacto emocional:

Redefinir el éxito: Cambiar la narrativa interna es clave. En lugar de medir el éxito en términos convencionales (como posesiones materiales), enfócate en experiencias, aprendizajes y conexión con el mundo.

Terapia virtual: Plataformas como BetterHelp y Talkspace ofrecen terapia online con horarios flexibles, ideales para viajeros frecuentes.

Buscar comunidad: Participar en grupos online para nómadas digitales (por ejemplo, en Reddit o Facebook) ayuda a validar experiencias y compartir estrategias.

Testimonio: "Unirme a un grupo de nómadas en Reddit fue revelador. Escuchar historias similares me ayudó a normalizar mis dudas y temores", comenta Juan, un freelance de tecnología.

Consejos para cuidar tu salud física, mental y financiera mientras exploras el mundo

El equilibrio integral es crucial para el éxito del nomadismo digital. Veamos cómo abordar estas tres áreas de forma efectiva:

Salud física: movimiento y nutrición adaptados a la vida en movimiento

Incorporar ejercicio regular: Aunque los horarios sean irregulares, busca actividades accesibles. Aplicaciones como 7-Minute Workout permiten rutinas cortas y efectivas.

Dato: Un estudio de la OMS (2022) revela que realizar 150 minutos semanales de actividad moderada reduce el riesgo de enfermedades cardiovasculares en un 31%.

Elegir opciones saludables al comer fuera: Muchos países tienen mercados locales con frutas frescas y comidas balanceadas a precios bajos. Evita la comida rápida optando por opciones locales más nutritivas.

Dormir adecuadamente: La desincronización horaria puede afectar el sueño. Herramientas como F.lux ajustan la luz de tus dispositivos para mejorar la calidad del descanso.

Salud mental: un enfoque preventivo

Establecer rutinas diarias: Una estructura diaria, incluso en entornos cambiantes, proporciona estabilidad. Dedica tiempo a actividades significativas como leer, escribir o practicar un hobby.

Desconectar del trabajo: En el estilo de vida nómada, los límites entre trabajo y ocio pueden desdibujarse. Establecer horarios claros para trabajar y descansar es fundamental.

Cuidar la adaptabilidad emocional: La exposición constante a nuevos entornos puede ser abrumadora. Permitirte tiempo para procesar experiencias ayuda a mantener el equilibrio.

Salud financiera: una base sólida para la libertad

Diversificar ingresos: Depender de una única fuente puede ser riesgoso. Busca múltiples canales, como freelance, inversiones o cursos online.

Ejemplo: Marta combina diseño web freelance con ingresos pasivos de un blog de viajes, asegurándose estabilidad a largo plazo.

Presupuestar inteligentemente: Usa aplicaciones como Mint para llevar un registro detallado de gastos e ingresos, ajustando según el costo de vida de cada destino.

Invertir en educación continua: Cursos de plataformas como Coursera o Udemy no solo mejoran tus habilidades, sino que también incrementan tus oportunidades laborales.

Cita: Como sugiere el economista Thomas Friedman, "La educación continua es el nuevo pasaporte para el futuro en un mundo que cambia rápidamente".

El nomadismo digital es una experiencia transformadora, pero también desafiante. Manejar la soledad, la incertidumbre y los altibajos emocionales requiere herramientas concretas, desde redes de apoyo hasta estrategias financieras sólidas. Al cuidar de tu salud física, mental y financiera, puedes convertir este estilo de vida en una oportunidad para crecer personal y profesionalmente, explorando el mundo con resiliencia y equilibrio.

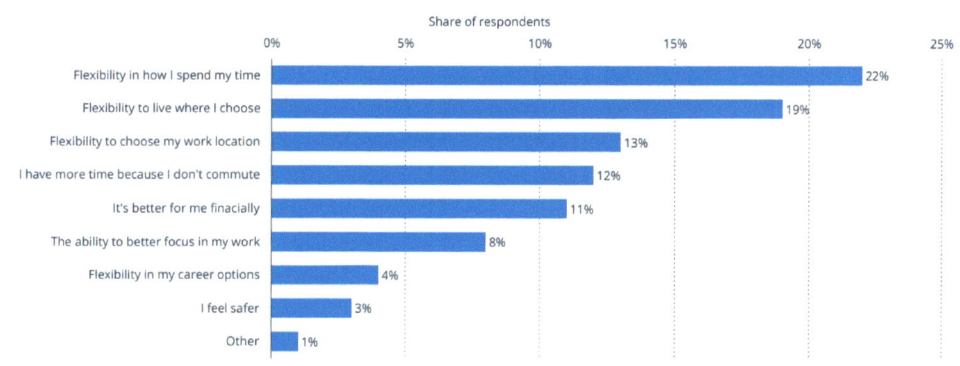

Apéndices

Apéndice A: Recursos Esenciales para Nómadas Digitales

Adentrarte en el mundo del nomadismo digital puede ser emocionante y desafiante a partes iguales. Tener las herramientas adecuadas a tu disposición puede marcar la diferencia entre el éxito y el agotamiento. A continuación, te presentamos una selección de herramientas, aplicaciones y plataformas clave que te ayudarán a optimizar tu productividad, mantener tus finanzas en orden y trabajar de manera eficiente desde cualquier parte del mundo.

Herramientas para el trabajo remoto

Plataformas de gestión de proyectos:

Trello: Ideal para organizar tareas y proyectos en tableros visuales.

Asana: Excelente para equipos colaborativos, permite realizar seguimientos detallados de proyectos.

Notion: Una herramienta todo-en-uno que combina notas, bases de datos y planificación.

Software de comunicación:

Slack: Una opción para mantener la comunicación con equipos en tiempo real.

Zoom: El estándar para videollamadas de alta calidad.

Google Meet: Alternativa confiable e integrada con otras herramientas de Google Workspace.

Almacenamiento en la nube:

Google Drive: Fácil de usar y con capacidad gratuita inicial de 15 GB.

Dropbox: Una opción segura para almacenar y compartir archivos grandes.

OneDrive: Perfecta si ya eres usuario de Microsoft Office.

Edición y colaboración en documentos:

Google Docs y Sheets: Para crear y editar documentos colaborativos en tiempo real.

Canva: Diseño gráfico simplificado para presentaciones y contenido visual.

Aplicaciones para la productividad personal

Gestores de tiempo:

Todoist: Para crear listas de tareas con recordatorios y prioridades.

Focus@Will: Una aplicación de música basada en la ciencia para aumentar la concentración.

Pomodoro Timer: Temporizadores para trabajar en bloques de tiempo efectivos.

Herramientas para evitar distracciones:
Freedom: Bloquea sitios web y aplicaciones que distraen.
Forest: Gamifica tu concentración plantando árboles virtuales mientras trabajas.
Automatización de tareas:
Zapier: Conecta aplicaciones para automatizar flujos de trabajo.
IFTTT (If This Then That): Simplifica tareas repetitivas con automatizaciones fáciles de configurar.
Herramientas financieras y presupuestarias
Gestores de finanzas personales:
YNAB (You Need A Budget): Diseñada para ayudar a los usuarios a planificar sus gastos.
Mint: Ofrece una visión general de tus finanzas con categorías automáticas.
Gestores de cambio de divisas:
XE Currency: Monitoreo en tiempo real de las tasas de cambio.
Wise: Una opción confiable para transferencias internacionales de dinero con bajas comisiones.
Generadores de facturas:
Wave: Herramienta gratuita para crear y gestionar facturas.
PayPal: Muy utilizada para enviar y recibir pagos de clientes internacionales.
Historia de éxito: ¡Con solo utilizar una combinación de Notion, Zapier y Wise, Juan Pérez logró automatizar sus tareas administrativas, ahorrando más de 10 horas semanales y reduciendo en un 15% los costos asociados a transferencias internacionales!

Apéndice B: Plantillas y Ejercicios Prácticos

En este apartado, encontrarás recursos descargables y ejercicios diseñados para facilitar tu transición hacia el estilo de vida nómada digital. Estas herramientas son fruto de la experiencia y están orientadas a cubrir las necesidades específicas de quienes buscan trabajar y prosperar desde cualquier lugar.

Plantillas esenciales
Presupuesto para Nómadas Digitales:
Categorías principales: vivienda temporal, transporte, alimentación, seguros, herramientas digitales y ocio.

Indicadores clave: porcentaje destinado al ahorro, costos variables vs. fijos.

Ejemplo: Un presupuesto para vivir en Bali puede incluir $500 USD para alojamiento, $200 USD para transporte y $300 USD para comida, dejando margen para el ahorro.

Lista de empaque esencial:

Tecnología: Laptop, cargadores universales, auriculares con cancelación de ruido.

Documentos: Pasaporte, visa (si aplica), seguros de viaje e identificaciones.

Otros: Ropa versátil, kit de primeros auxilios, adaptadores de corriente.

Calendario de planificación de viajes:

Secciones: investigación de destinos, compra de boletos, reservas de alojamiento.

Incluye: fechas límite y recordatorios para evitar contratiempos.

Ejercicios prácticos

Diseña tu plan de transición:

Paso 1: Define tus metas. ¿Buscas más libertad, crecimiento profesional o ambos?

Paso 2: Evalúa tus habilidades actuales. ¿Qué servicios puedes ofrecer como freelancer o empresario digital?

Paso 3: Establece un cronograma. Decide cuánto tiempo necesitas para ahorrar, planificar y lanzarte.

Simula un mes como nómada digital:

Vive con un presupuesto ajustado al lugar donde planeas ir.

Trabaja desde cafeterías o espacios de coworking locales para familiarizarte con un entorno flexible.

Análisis de tus gastos mensuales actuales:

Registra todos tus gastos durante 30 días.

Identifica áreas donde puedas reducir costos y reinvertir en tu transición.

Consejo Inspirador: "No tienes que hacerlo todo de golpe. Divídelo en pasos manejables y celebra cada avance, por pequeño que sea."

Apéndice C: Guía de Comunidades Globales

El camino del nómada digital no tiene por qué ser solitario. De hecho, conectarte con comunidades de personas que comparten tus intereses y valores puede acelerar tu adaptación, abrir puertas a nuevas oportunidades y enriquecer tu experiencia.

Redes globales de apoyo y colaboración

Grupos de redes sociales:

Digital Nomad Girls: Comunidad en Facebook para mujeres nómadas digitales que ofrece soporte y recursos.

Nomadlist Forum: Foro popular para debatir destinos, costos y estrategias.

Comunidades de coworking:

WeWork: Espacios de coworking presentes en más de 100 ciudades.

Outsite: Espacios diseñados específicamente para nómadas, que combinan alojamiento y coworking.

Encuentros y conferencias:

Nomad Summit: Un evento anual donde nómadas comparten historias de éxito y estrategias.

Remote Year Meetups: Eventos organizados por la comunidad Remote Year.

Ejemplos de comunidades locales

Bali, Indonesia:

Dojo Bali: Un hub de coworking popular entre freelancers y empresarios digitales.

Redes locales: Grupos en WhatsApp y Telegram que comparten consejos sobre alojamiento y actividades.

Lisboa, Portugal:

Second Home: Un espacio vibrante para trabajar y hacer contactos.

Comunidad de Slack: Nómadas Europeos.

Ciudad de México, México:

Creactivo: Un espacio amigable para nómadas.

Encuentros semanales organizados por "Expats & Digital Nomads in Mexico City".

Historia Inspiradora: *Sofía Ramos, una diseñadora gráfica de Argentina, conectó con su socio comercial en un evento de Nomad Summit en Chiang Mai, Tailandia. Juntos lanzaron una startup que ahora factura $50,000 USD mensuales.*

Beneficios de unirte a comunidades

Apoyo emocional: Encontrarás personas que entienden tus retos.

Colaboración profesional: Redes que pueden ayudarte a encontrar clientes o socios.

Inspiración: Historias reales de éxito que te mantendrán motivado.

Reflexión Final: "El poder de una comunidad no está solo en los recursos que ofrece, sino en la energía que genera para ayudarte a alcanzar tus sueños."

FIN